AF322291

DISCOURS

SUR

L'ATTENTAT DU 28 JUILLET 1835,

ET SUR

LA CÉRÉMONIE FUNÈBRE

célébrée le 5 août suivant

DANS LA CHAPELLE ROYALE DES INVALIDES,

EN PRÉSENCE

DE LEURS MAJESTÉS

PAR

M.-N.-S. GUILLON,

Évêque de Maroc, Aumônier de S. M. la Reine des Français.

PARIS.

LOUIS MARTIN,

rue Mignon, 2.

M DCCC XXXV.

DISCOURS

sur

L'ATTENTAT DU 28 JUILLET 1835,

et

SUR LA CÉRÉMONIE FUNÈBRE

célébrée dans la chapelle royale des Invalides.

———◆———

Hic est gladius occisionis qui multiplicat ruinas.

Voici venir le glaive du carnage qui multiplie les meurtres et les ruines.

Ezéchiel, ch. xxi, vers. 14, 15.

MESSIEURS,

Éclairé par l'Esprit divin sur les futurs événemens, Ezéchiel, à l'aspect d'une grande calamité qui menaçait le peuple d'Israël, s'était écrié : « Je « vois se déployer le glaive du carnage ; il double, « il triple sa violence, il s'abreuve de sang ; il n'é- « pargne ni âge, ni sexe, ni condition ; il frappe « les esprits d'épouvante, les cœurs de tristesse et « d'indignation ; il multiplie et les meurtres et les « ruines : *Hic est gladius occisionis qui multipli- « cat ruinas.* »

Telle est, messieurs, l'énergique précision avec laquelle le prophète décrivait un événement encore renfermé dans les ombres de l'avenir, et qui devait répandre la désolation dans la cité sainte.

Ce qui s'était montré à ses regards dans une vision prophétique, nous venons d'en être les témoins; et la France, l'Europe entière savent déjà quelles désolantes circonstances ont accompagné l'effroyable holocauste.

Au milieu de l'allégresse générale et de l'appareil des fêtes, sous les yeux d'un peuple immense, accouru de toutes parts, avide de contempler son Monarque et d'en être vu, également heureux de manifester leur réciproque sympathie pour nos institutions et pour le trône dont elles sont la base : un attentat horrible se préparait dans l'ombre; un crime, tel que les annales des peuples n'en offrent, dans la longue succession des siècles, et parmi les peuples barbares, que bien peu d'exemples, encore réprouvés par l'exécration universelle, un parricide sacrilége armait la main d'un lâche assassin, qui devait en être puni le premier; il empruntait à l'enfer un nouvel instrument de mort, dont les coups pressés, s'ils n'avaient pas été détournés par la main de Dieu qui protége la France, allaient sacrifier au Démon de l'anarchie et le prince, et la royale famille, et la liberté, la patrie, la société toute entière, et moissonnaient à leur place un illustre maréchal de France, plusieurs de ses nobles compagnons d'armes, des soldats citoyens, des femmes, des enfans, des vieillards, reportés morts ou mourans au sein de leurs familles désespérées. Ces fêtes que la victoire avait proclamées les glorieuses journées de juillet, où le peuple français se montra si grand, si généreux, elles se sont couvertes de deuil; et les prières pour les victimes de ce mémorable jour avaient à peine cessé, que la piété en réclamait de nouvelles pour d'autres victimes : *Hic est gladius occisionis qui multiplicat ruinas.*

C'est là, Messieurs, l'objet de la triste cérémonie qui nous rassemble. La France gémissante implorait pour tous ceux que nous regrettons les suffrages de l'Eglise accordés à tous les chrétiens morts dans son sein. Déjà ce cri religieux avait retenti au cœur de notre auguste Monarque. Sa Majesté a ordonné qu'un service funèbre fût célébré à cette occasion dans toutes les églises du royaume. Elle sait que la Religion seule a des larmes et des consolations pour d'aussi lamentables événemens (1). C'est aux pieds des autels qu'Elle a voulu cimenter de nouveau le pacte d'union de la France et de son Roi. Le premier besoin de son royal cœur déchiré par de si vives angoisses, a été de faire éclater, et sa douleur sur la perte de tant de victimes immolées autour de lui, et sa reconnaissance envers la divine Provi-

____

(1) Lettre de monseigneur l'archevêque de Rouen.

dence *qui a protégé ses jours en déconcertant les projets des assassins* (1).

Non contente de ce religieux appel à tous les cœurs français et chrétiens, elle-même a voulu en donner personnellement l'exemple, en ordonnant que toutes les honorables victimes de la fatale journée, déposées à la fois dans ce temple de la valeur et de la fidélité nationale, reçussent ensemble le tribut de la commune douleur, et les hommages particuliers du Souverain, du père de tous les Français. Ainsi autrefois le roi David pleurant sur la perte de l'un des plus renommés capitaines de l'armée d'Israël, immolé comme notre illustre Maréchal duc de Trévise, par les mains d'un traître, après avoir ordonné que l'on se couvrît des vêtemens du deuil, et que la dépouille mortelle du héros fût inhumée là où reposent les Braves; « j'irai, avait-il dit, j'irai moi-même accompagner les funérailles du guerrier, de l'ami que le fer de cent batailles n'avait épargné, que pour le voir expirer sous les coups d'un lâche assassin (2). Abner, en mourant pour son Roi, n'est pas mort sans gloire : *Nequaquam, ut mori solent ignavi, mortuus est Abner* (3). »

Ah ! si la conjuration qui se préparait, depuis si long-temps peut-être, contre les jours du Chef

(1) Proclamation et lettre du roi.
(2) Même lettre.
(3) II Reg. iii, 33.

auguste de l'état eût été consommée ; ce n'étaient plus seulement un guerrier, un Maréchal de France, chargé d'ans et de gloire, avec lui la noble élite de nos défenseurs ; ce n'étaient plus seulement des citoyens paisibles, léguant à la postérité des larmes inconsolables. Non, ce n'eût pas été là l'unique objet de nos douleurs. Ce n'était donc pas assez, pour le triomphe du crime, de tant et de si effroyables calamités ; pas assez de tant de victimes de tout rang et de tout âge. Ses sacriléges vœux lui promettaient de plus vastes désastres. Il fallait que le meurtre fût couronné par le parricide. Sans le bienfait de la Providence qui nous a sauvés, nous aurions à déplorer des familles entières moissonnées par la faux de la mort. L'honneur, la religion, les lois, tout périssait à la fois enséveli sous le même linceul ; et qui sait, messieurs, s'il est un seul d'entre nous à qui fût resté le droit de pleurer sur la patrie descendue toute entière sous la tombe qui aurait recouvert et le prince et l'auguste famille si miraculeusement conservés à notre amour ?

Ce ne sont pas, messieurs, des paroles qu'il faut à d'aussi profondes douleurs. Ni l'affliction, ni la reconnaissance ne sauraient exprimer, avec l'énergie convenable, des sentimens tels que ceux dont vous êtes tous pénétrés, et qui se sont manifestés avec tant d'éclat dans toutes les classes de la société. L'âme succombe tout entière à la pensée de l'attentat affreux qui, en choisissant le prince pour sa victime principale, nous menaçait tous dans ses effroyables conséquences.

Combien de pressentimens semblaient indiquer les malheurs de cette fatale journée! Des nuages sinistres s'étaient formés à l'horizon; dans leurs flancs était renfermée la foudre homicide. Nos jeunes Princes avaient suivi leur père, obsédés par une sombre prévision. « Pressons-nous au- « tour du Roi, avait dit à ses frères l'héritier de « tant d'espérances, nous serons sa garde, et nous « recevrons les coups qu'on voudra lui porter. » Plein du même dévouement, l'intrépide duc de Trévise répondait aux inquiètes sollicitudes de sa famille : Ma haute taille couvrira le corps du Roi. Anges du ciel! veillez sur lui. Seigneur! sauvez le Roi, *Domine salvum fac regem;* qu'il vive seulement ce Roi, si nécessaire à la France; c'est le cri que vous adressent ces généreux Français mourant à ses côtés, le cri que désormais, dans les nouveaux transports de son enthousiasme et de son dévouement, répétera notre France entière, heureuse de voir sauvé d'un si grand danger le Roi qu'elle s'est donnée.

D'autre part aussi, que de motifs, et des plus légitimes, dissipaient nos alarmes, et commandaient la plus parfaite sécurité! Une armée que tant de hauts faits signalent à l'admiration de l'Europe, des légions de soldats citoyens, répandus sur tous les points de l'espace, tous enfans de la patrie, tous prêts à cimenter de leur sang, s'il le fallait, le pacte de famille ; sur tous les visages, l'expression de la naïve allégresse qui fait palpiter les âmes de joie et d'espérance, un peuple innombrable qui partout se presse sur les pas du Monarque dans qui chaque époux, chaque père aime tant à retrouver le modèle des époux et des pères !... Et déjà la royale escorte s'est mise en marche ; déjà elle a parcouru, au milieu des acclamations, une grande partie de la longue route qu'elle s'est déterminée ; elle touche à l'endroit fatal ; quand tout à coup une horrible détonnation s'est fait entendre : et, au moment même, des cris funèbres, des sanglots, une vaste scène de destruction, comme sur un champ de bataille où l'on est frappé sans avoir pu découvrir l'ennemi. Le sang ruisselle à grands flots ; la mort est allée chercher au loin ses victimes ; et ceux qu'elle n'a pas encore atteints du coup mortel, elle les laisse en proie aux convulsions de l'agonie. Tous les regards fixés sur le Monarque et sur la royale famille ont vu tomber à ses côtés ceux de ses fidèles serviteurs que leur dévouement ou le caractère de leurs fonctions rapproche le plus près de sa personne. Un seul cri échappe de tous les cœurs et de toutes les bouches : Est-ce que le Roi est blessé ?... Et sur l'assurance qu'il est sauvé, tous les cœurs, toutes les bouches ont répondu : Vive le Roi ! Puisse du

moins la renommée prévenir par cette conso-
lante assurance la nouvelle du danger qu'il a
couru, avant qu'elle ne soit venue révéler le fatal
secret à l'auguste épouse du meilleur des princes
et des hommes, Reine accomplie, la mère de tous
les infortunés, éprouvée déjà par de si cruelles
tribulations; avant qu'elle ne parvienne à l'oreille
de cette héroïque sœur, la vive image de l'amitié
fraternelle et des vertus domestiques, et de ces
enfans, dont la présence fut plus d'une fois sa-
luée par ce cri : *Heureux le sein qui vous a portés!*

Je n'entreprendrai pas, Messieurs, de décrire
les sentimens divers que fit éclater l'indignation,
l'horreur d'un forfait qui n'eût pu jamais être
soupçonné, l'effroi de ses suites au cas où il eût
triomphé, l'épouvante de l'avenir, les accens de
la joie mêlés aux gémissemens de la douleur, les
imprécations de la vengeance hélas! trop légi-
time, et mieux encore, les actions de grace adres-
sées au ciel pour le miracle, si palpable à tous les
yeux, qui nous a sauvé notre Roi, et ces béné-
dictions répétées des milliers de fois pour ce Roi
si grand, si calme, si héroïquement Roi au milieu
de la consternation universelle. Toute éloquence
humaine est trop au-dessous d'un pareil tableau.

Peut-être, messieurs, accusions-nous le sommeil
de la Providence. Désormais il n'est plus possible
de la méconnaître. Si l'enfer a ses prodiges d'ini-
quité, le ciel a aussi ses miracles de miséricorde.

Dieu permet au Démon d'exercer ses fureurs, comme à l'Océan d'exciter des tempêtes, mais en marquant sur son rivage le terme où viendra se briser sa rage impuissante. Il lâche la bride aux passions humaines, pour nous apprendre à connaître leurs excès. Ce trophée de la mort que nous avons sous les yeux nous démontre quels sont les fruits des discordes civiles, de l'exagération des partis, et de cette fausse liberté qui ne dit jamais : c'est assez.

Quel est donc, dirai-je en finissant, quel est le noir et malfaisant génie qui avait pu enfanter un si criminel dessein ? d'où est parti l'horrible attentat venu ébranler de nouveau le sol de la patrie qui commençait à se raffermir sous nos pas ? Ne craignons pas, messieurs, de le publier, de le répéter avec tous les organes des lois, de la religion et du vrai patriotisme. Au milieu de nous, à la faveur de la sagesse même et de l'humanité de nos institutions, s'est élevée une faction égarée et perverse, qui roule incessamment de sinistres projets. Tourmentée d'une vague et sombre inquiétude, elle médite la destruction. Ce n'est pas seulement au sein de leurs féroces conciliabules, ni dans les antres ténébreux d'où l'infernale machine a vomi sur les plus augustes têtes le carnage et la désolation, mais au grand jour, mais dans leurs manifestes publics, mais jusque dans le sanctuaire des lois, en présence de leurs juges, qu'on les a entendus ces prétendus réformateurs de l'ordre social, déclarer une guerre d'extermination à tout l'ordre social, particulièrement à la dynastie qui nous gouverne. Nous ne voulons pas de celui que la révolution de juillet nous a donné, *Nolumus hunc regnare super nos* (1), et ils n'ont pas dissimulé leurs parricides espérances. Furieux à qui il est indifférent de déchirer la patrie par la guerre civile, et qui consentiraient à être écrasés sous les ruines de l'édifice social, pourvu qu'ils réussissent à s'élever un moment au milieu des décombres et des cadavres. Pour eux, rien de sacré ; les lois, ils les foulent sous les pieds ; la bienfaisance, ils la repoussent par des outrages ; tout ce qui ne plie pas devant leurs doctrines, ils le dévouent à la mort ; leur audace ne fait que s'accroître de la magnanimité même qui s'exerce à leur égard ; et parce qu'il ne restait à leur implacable fureur d'autre ressource que l'armé des lâches et des assassins : leur dernier exploit a bien fait voir ce qu'il fallait en attendre. Approchez, Chrétiens ! Le voilà dans leurs mains ce glaive meurtrier dont nous parle Ezéchiel, lequel multiplie le carnage et les ruines : *Hic est gladius occisionis qui multiplicat ruinas.*

Chrétiens, Français ! que cette lugubre cérémonie a rassemblés dans ce temple ! Ecoutons la

____

(1) Luc, xix-14.

voix du sang qui a coulé, et du sang qui pouvait couler encore. Les voiles du deuil qui la veille ombrageaient le drapeau national, sont venus s'étendre sur de nouvelles urnes funèbres qui ne les attendaient pas; mais songeons que d'autres plaies plus profondes encore pouvaient ensanglanter la patrie. La pitié chrétienne sollicite de chacun de nous des larmes de douleur et des larmes de reconnaissance. Implorons le Dieu des miséricordes en faveur de tous ceux que nous avons perdus, et de tous ceux qui ont été conservés. Vainqueur de Nortlingue et de Turkeim, grand Turenne! élargissez votre sépulcre pour recevoir à vos côtés celui qui fut votre émule de gloire, et ceux que leur mort associe à son trépas. Hélas! la mort, l'impitoyable mort ne connaît point la différence des conditions, et courbe tous les enfans d'Adam sous le même niveau. Ombres respectables et chères! réposez en paix au fond de ces cercueils arrosés des pleurs de tant de familles désolées. Que vos âmes, purifiées par les mérites ineffables du sacrifice de Jésus-Christ mourant pour le salut du monde, entrent en possession de la félicité immortelle, en échange de cette vallée des larmes où elles nous laissent. Daigne le divin Consolateur des affligés venir au secours des veuves privées de leurs époux, et des enfans devenus orphelins, et des mères pleurant sur leurs fils qui ne sont plus! Prions, mes frères, pour la patrie,

pour son auguste Chef, pour sa royale famille,
pour tous les Ordres de l'Etat, pour nous mêmes.
Seigneur, sauvez le roi, *Domine salvum fac regem;* en le sauvant, vous nous sauvez tous avec lui.

Au nom du Père, du Fils et du Saint-Esprit, ainsi soit-il.